团 体 标 准

公路桥梁防船撞装置技术指南

Technical Guideline for Anti-vessel-collision Device for Highway Bridges

T/CHTS 20005—2018

主编单位：中交第一公路勘察设计研究院有限公司
发布单位：中国公路学会
实施日期：2018 年 09 月 10 日

人民交通出版社股份有限公司
China Communications Press Co.,Ltd.

图书在版编目(CIP)数据

公路桥梁防船撞装置技术指南：T/CHTS 20005—2018 / 中交第一公路勘察设计研究院有限公司主编. —北京：人民交通出版社股份有限公司，2018.9
ISBN 978-7-114-15023-4

Ⅰ.①公… Ⅱ.①中… Ⅲ.①公路桥—船舶碰撞—桥梁设计—指南 Ⅳ.①U448.142.5-62

中国版本图书馆CIP数据核字(2018)第221874号

标准类型：	团体标准
标准名称：	**公路桥梁防船撞装置技术指南**
标准编号：	T/CHTS 20005—2018
主编单位：	中交第一公路勘察设计研究院有限公司
责任编辑：	郭红蕊　韩亚楠
责任校对：	尹　静
责任印制：	张　凯
出版发行：	人民交通出版社股份有限公司
地　　址：	(100011)北京市朝阳区安定门外外馆斜街3号
网　　址：	http://www.ccpress.com.cn
销售电话：	(010)59757973
总 经 销：	人民交通出版社股份有限公司发行部
经　　销：	各地新华书店
印　　刷：	北京市密东印刷有限公司
开　　本：	880×1230　1/16
印　　张：	2
字　　数：	46千
版　　次：	2018年9月　第1版
印　　次：	2018年9月　第1次印刷
书　　号：	ISBN 978-7-114-15023-4
定　　价：	260.00元

(有印刷、装订质量问题的图书由本公司负责调换)

中国公路学会文件

公学字〔2018〕111号

中国公路学会关于发布《公路桥梁防船撞装置技术指南》的公告

现发布中国公路学会标准《公路桥梁防船撞装置技术指南》(T/CHTS 20005—2018),自2018年9月10日起实施。

《公路桥梁防船撞装置技术指南》(T/CHTS 20005—2018)的版权和解释权归中国公路学会所有,并委托主编单位中交第一公路勘察设计研究院有限公司负责日常解释和管理工作。

中国公路学会
2018年9月9日

前　言

为规范公路桥梁防船撞装置的技术要求,提升桥梁防船撞产品质量水平,制定本指南。

本指南是在广泛调研国内公路桥梁防船撞技术领域内所取得的研究成果的基础上,通过理论研究、仿真分析、试验及工程实践,按照《中国公路学会标准编写规则》(T/CHTS 10001)编制。

本指南实施过程中,请将发现的问题和意见、建议反馈至中交第一公路勘察设计研究院有限公司(地址:陕西省西安市高新区科技二路63号;联系电话:029-88322888;电子邮箱:shichunjuan@vcivil.com),供修订时参考。

本指南由中交第一公路勘察设计研究院有限公司提出,受中国公路学会委托,由中交第一公路勘察设计研究院有限公司负责具体解释工作。

主编单位:中交第一公路勘察设计研究院有限公司

参编单位:西安中交土木科技有限公司、福建省漳州市交通发展集团有限公司、海南省交通工程建设局、山西省公路局、招商局重庆交通科研设计院有限公司、安徽省交通勘察设计院有限公司、武汉力拓桥科防撞设施有限公司

主要起草人:彭泽友、汤少青、潘长平、王锦攀、高巍、王建强、史春娟、王永祥、秦伟、张彦飞、赵彦龙、孙红兰、耿波、刘艳秋、许明财、贾伟红、付朋涛、胡月伟、刘乐、王刚、颜廷昱

主要审查人:李彦武、周海涛、刘元泉、李文杰、杨耀铨、钟建驰、侯金龙、秦大航、赵君黎、鲍卫刚

目　次

1 范围 ··· 1
2 规范性引用文件 ·· 2
3 术语 ··· 3
4 分类、结构形式及型号 ·· 4
　4.1 分类 ··· 4
　4.2 结构形式 ··· 4
　4.3 型号 ··· 5
5 技术要求 ··· 6
　5.1 一般规定 ··· 6
　5.2 复合材料防船撞装置技术要求 ·· 6
　5.3 钢质防船撞装置技术要求 ·· 7
　5.4 橡胶防船撞装置技术要求 ·· 8
6 试验方法 ·· 10
　6.1 一般要求 ·· 10
　6.2 复合材料防船撞装置试验方法 ··· 10
　6.3 钢质防船撞装置试验方法 ··· 10
　6.4 橡胶防船撞装置试验方法 ··· 11
7 检验规则 ·· 12
　7.1 检验分类 ·· 12
　7.2 检验项目及要求 ··· 12
　7.3 检验规则 ·· 14
8 包装、标志、运输及储存 ··· 15
　8.1 包装 ·· 15
　8.2 标志 ·· 15
　8.3 运输 ·· 15
　8.4 储存 ·· 15
9 安装 ·· 16
　9.1 一般规定 ·· 16
　9.2 安装前准备 ··· 16
　9.3 安装注意事项 ·· 16
　9.4 验收 ·· 16
10 维修与养护 ·· 17
附录 A（规范性附录） 耗能芯材静力压缩性能试验方法 ··· 18
附录 B（规范性附录） 复合材料防船撞装置节段试件力学性能试验方法 ································ 20
附录 C（规范性附录） 橡胶防船撞装置力学性能试验方法 ··· 22
附录 D（规范性附录） 防船撞装置落锤冲击试验方法 ··· 23
用词说明 ·· 24

公路桥梁防船撞装置技术指南

1 范围

本指南规定了公路桥梁防船撞装置的分类、结构形式及型号、技术要求、试验方法、检验规则、包装、标志、运输及储存、安装、维修与养护。

本指南适用于新建及改扩建公路桥梁防船撞装置的制造和安装。

2 规范性引用文件

下列文件对于本文件的应用是必不可少的。凡是注日期的引用文件，仅注日期的版本适用于本文件。凡是不注日期的引用文件，其最新版本（包括所有的修改单）适用于本文件。

GB/T 528	硫化橡胶或热塑橡胶 拉伸应力应变性能的测定
GB/T 699	优质碳素结构钢
GB/T 700	碳素结构钢
GB/T 706	热轧型钢
GB/T 1184	形状和位置公差 未注公差值
GB/T 1220	不锈钢棒
GB/T 1228	钢结构用高强度大六角头螺栓
GB/T 1231	钢结构用高强度大六角头螺栓、大六角螺母、垫圈技术条件
GB/T 1447	纤维增强塑料拉伸性能试验方法
GB/T 1448	纤维增强塑料压缩性能试验方法
GB/T 1449	纤维增强塑料弯曲性能试验方法
GB/T 1450.2	纤维增强塑料冲压式剪切强度试验方法
GB/T 1453	夹层结构或芯子平压性能试验方法
GB/T 1463	纤维增强塑料密度和相对密度试验方法
GB/T 1591	低合金高强度结构钢
GB/T 1804	一般公差 未注公差的线性和角度尺寸的公差
GB/T 3280	不锈钢冷轧钢板和钢带
GB/T 3854	增强塑料巴柯尔硬度试验方法
GB/T 4162	锻轧钢棒超声检测方法
GB/T 5777	无缝钢管超声波探伤检验方法
GB/T 8162	结构用无缝钢管
GB/T 8810	硬质泡沫塑料吸水率的测定
GB/T 9945	热轧球扁钢
GB/T 10007	硬质泡沫塑料 剪切强度试验方法
GB/T 11263	热轧 H 型钢和剖分 T 型钢
GB/T 14976	流体输送用不锈钢无缝钢管
GB 50205	钢结构工程施工质量验收规范
GB 50608	纤维增强复合材料建设工程应用技术规范
GB 50661	钢结构焊接规范
CCS	钢质海船入级规范
JB/T 5945	工程机械 装配通用技术条件
JT/T 722	公路桥梁钢结构防腐涂装技术条件
JT/T 901	桥梁支座用高分子材料滑板
JTG H11	公路桥涵养护规范

3 术语

下列术语和定义适用于本文件。

3.0.1 桥梁防船撞装置 anti-vessel-collision device for bridges

用于警示、防止船舶直接碰撞桥墩(台)并在碰撞时缓冲耗能、降低碰撞力的装置。

3.0.2 耗能芯材 core material consumption

填充于防船撞装置内部,用于耗散碰撞能量的固体、液体材料。

3.0.3 复合材料防船撞装置 composite material anti-vessel-collision device

主材为复合材料的防船撞装置,内部可填充耗能芯材。

3.0.4 钢质防船撞装置 steel anti-vessel-collision device

主材为钢结构的防船撞装置,内部可填充耗能芯材。

3.0.5 橡胶防船撞装置 rubber anti-vessel-collision device

主材为橡胶材料的防船撞装置,内部可填充耗能芯材。

3.0.6 固定式防船撞装置 fixed anti-vessel-collision device

固定于桥墩(台)的防船撞装置。

3.0.7 浮动式防船撞装置 floating anti-vessel-collision device

随水位变化,沿桥墩(台)上下浮动的防船撞装置。

4 分类、结构形式及型号

4.1 分类

4.1.1 按材料分为以下三种基本类型：

1 FH——复合材料防船撞装置；

2 GZ——钢质防船撞装置；

3 XJ——橡胶防船撞装置。

注：以上三种主材可以任意组合成防船撞装置，其代号为基本代号组合，如GZFH表示钢质＋复合材料防船撞装置。

4.1.2 按附着方式分为以下两种类型：

1 G——固定式防船撞装置；

2 F——浮动式防船撞装置。

4.1.3 按适用温度分为以下两种类型：

1 C——常温型，适用温度范围：-25℃～60℃；

2 N——耐寒型，适用温度范围：-40℃～60℃。

4.2 结构形式

4.2.1 复合材料防船撞装置由复合材料组成箱室，箱室内可填充耗能芯材，内部隔板形状宜采用格构型或蜂窝型，由复合材料面板、内部隔板、耗能芯材组成，典型结构示意如图 4.2.1 所示。

4.2.2 钢质防船撞装置由钢结构组成箱室，箱室内可填充耗能芯材，由防腐层、钢面板、钢隔板、耗能芯材组成，典型结构示意如图 4.2.1 所示。

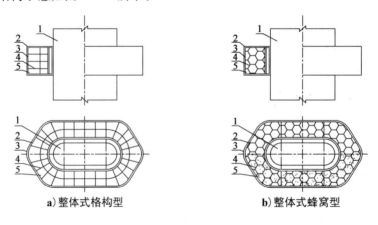

a) 整体式格构型　　　　　b) 整体式蜂窝型

图 4.2.1

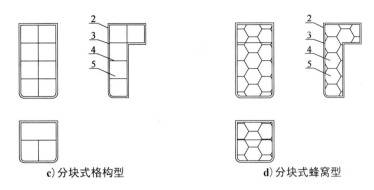

c) 分块式格构型　　　　　d) 分块式蜂窝型

图 4.2.1　复合材料（钢质）防船撞装置结构示意

1-桥墩；2-防腐层；3-面板；4-隔板；5-耗能芯材

4.2.3 橡胶防船撞装置由橡胶材料组成，内部可填充耗能芯材，迎撞面宜设置耐磨层（滑板），典型结构示意如图 4.2.3 所示。

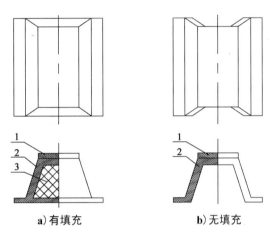

a) 有填充　　　　　b) 无填充

图 4.2.3　橡胶防船撞装置结构示意

1-耐磨层（滑板）；2-橡胶；3-耗能芯材

4.3　型号

4.3.1 公路桥梁防船撞装置型号表示方法见图 4.3.1。

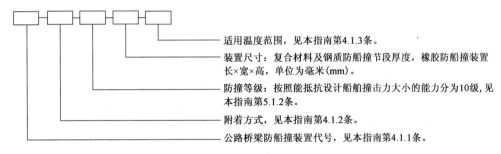

图 4.3.1　公路桥梁防船撞装置型号表示方法

示例1：常温型固定式复合材料防船撞装置，防撞等级为 3 000kN，装置厚度为 600mm，表示为 FH-G-3 000-600-C。

示例2：耐寒型浮动式钢质防船撞装置，防撞等级为 5 000kN，装置厚度为 1 000mm，表示为 GZ-F-5 000-1 000-N。

示例3：常温型固定式橡胶防船撞装置，防撞等级为 1 000kN，其外形尺寸为 2 000mm×2 000mm×1 500mm，表示为 XJ-G-1 000-2 000×2 000×1 500-C。

5 技术要求

5.1 一般规定

5.1.1 防船撞装置结构形式的选择应综合考虑桥墩自身抗撞能力、桥墩位置、桥墩外形、水流情况、设防代表船型、碰撞速度及角度等。

5.1.2 防船撞装置防撞等级分为10级，即1 000kN、2 000kN、3 000kN、5 000kN、8 000kN、10 000kN、20 000kN、30 000kN、50 000kN、100 000kN。防船撞装置在其防撞等级内，应具备将传给桥墩的船撞力降低到桥墩抗撞能力以下的功能。

5.1.3 各类装置可单独或组合使用，应满足桥梁使用功能和通航要求。

5.1.4 防船撞装置应便于日常检测养护、维修及更换。

5.2 复合材料防船撞装置技术要求

5.2.1 复合材料防船撞装置外观应符合下列要求：

1 表面应平整、光洁，无明显气泡，无杂质混入，无纤维外露，无裂纹、划痕、瑕疵及白化分层等缺陷，边缘齐整。

2 连接件应紧固、无松动、无锈蚀、无裂纹。

3 警示颜色醒目、色泽均匀。

4 标志清晰、牢固。

5.2.2 复合材料防船撞装置材料应符合下列要求：

1 复合材料宜采用乙烯基树脂，其物理性能应符合 GB 50608 的有关规定。

2 耗能芯材宜采用聚氨酯闭孔泡沫等材料，其抗变形能力应满足设计要求。

3 钢结构用高强螺栓、螺母、垫圈的性能应符合 GB/T 1228 及 GB/T 1231 的有关规定。

5.2.3 复合材料防船撞装置物理力学性能应符合下列要求：

1 复合材料物理力学性能应满足表 5.2.3-1 的规定。

表 5.2.3-1 复合材料物理力学性能要求

性能	指标	性能	指标
拉伸强度(MPa)	≥250	拉伸模量(MPa)	≥2 500
压缩强度(MPa)	≥200	弯曲强度(MPa)	≥250
剪切强度(MPa)	≥50	断裂延伸率(%)	≥5
吸水率(%)	≤1	巴氏硬度(HBa)	≥45

2 耗能芯材采用聚氨酯闭孔材料时，其物理力学性能应满足表 5.2.3-2 的规定。

表 5.2.3-2 聚氨酯物理力学性能要求

性　能	指　标	性　能	指　标
剪切强度(MPa)	≥0.15	压缩模量(MPa)	≥3
压缩强度(MPa)	≥0.15	吸水率(%)	≤3

5.2.4 复合材料防船撞装置加工和装配工艺应符合下列要求：

1 复合材料防船撞装置可采用手糊、模压、缠绕、拉挤、真空导入等基本成型工艺。

2 浮动式复合材料防船撞装置宜采用分块加工，厂内预拼。

3 装配组件应符合设计要求，装配应牢固可靠，应符合 JB/T 5945 的有关规定。

5.2.5 复合材料防船撞装置规格尺寸的允许偏差应符合表 5.2.5 的要求。

表 5.2.5 复合材料防船撞装置尺寸允许偏差

形状尺寸	外形尺寸(长、宽、高)	节段厚度	复合材料板厚 t
允许偏差	−2%≤偏差率≤4%，且总偏差值≤50mm	−2%≤偏差率≤3%，且总偏差值≤20mm	±0.5mm

5.3 钢质防船撞装置技术要求

5.3.1 钢质防船撞装置外观应符合下列要求：

1 表面平整无污渍，无机械损伤，无毛刺、飞边和锈蚀等。

2 焊缝应均匀，不应有气孔、夹渣等缺陷。

3 涂装表面应光滑，不应有脱落、流痕、褶皱等现象。

4 警示颜色醒目、色泽均匀。

5 标志清晰、牢固。

5.3.2 钢质防船撞装置钢材材料应符合下列要求：

1 钢质防船撞装置的主材应采用满足 GB/T 700 中 235B、GB/T 1591 中 345B(严寒地区采用345D)的热轧钢板或锻件。

2 钢质防船撞装置采用的型钢应分别符合 GB/T 706、GB/T 9945 和 GB/T 11263 的有关规定。

3 钢质防船撞装置用不锈钢板采用 06Cr17Ni12Mo2、06Cr19Ni13Mo3，处于高湿度、高盐度等严重腐蚀环境时采用 022Cr17Ni12Mo2 或 022Cr19Ni13Mo3，其化学成分及力学性能应符合 GB/T 3280 的有关规定，不锈钢板的表面加工应符合 GB/T 3280 中 8 号表面的有关规定。

4 钢质防船撞装置用不锈钢棒应符合 GB/T 1220 的有关规定，无缝钢管应符合 GB/T 8162 的有关规定，不锈钢管应符合 GB/T 14976 的有关规定。

5.3.3 钢质防船撞装置的防腐层采用复合材料时，应按本指南第 5.2.2 条的有关规定执行。

5.3.4 耗能芯材应按本指南第 5.2.2 条的有关规定执行。

5.3.5 钢质防船撞装置加工和装配应符合下列要求：

1 钢质防船撞装置加工尺寸及公差配合应符合设计要求,未注线性尺寸和角度尺寸公差应符合 GB/T 1804 中 c 级的有关规定,未注形状和位置公差应符合 GB/T 1184 中 I 级的有关规定。

2 钢结构焊接要求应符合 GB 50661 的有关规定,焊接质量验收应符合 GB 50205 的有关规定。

3 浮动式钢质防船撞装置的水密舱均应进行密性试验,宜采用气密性方法进行检验,试验过程满足现行《钢质海船入级规范》(CCS)的有关规定。

4 钢结构防腐涂装应符合 JT/T 722 的有关规定。

5 钢质防船撞装置的装配组件应满足设计要求,装配应牢固可靠,应符合 JB/T 5945 的有关规定;装配过程中,发生损坏的防腐涂层应及时修补。

5.3.6 钢质防船撞装置规格尺寸的允许偏差应符合表 5.3.6 的规定。

表 5.3.6 钢质防船撞装置尺寸允许偏差

形状尺寸	外形尺寸(长、宽、高)	节段厚度	钢板厚度	复合材料板厚
允许偏差	－2%≤偏差率≤4%,且总偏差值≤50mm	－2%≤偏差率≤3%,且总偏差值≤20mm	±0.6mm	±0.5mm

5.4 橡胶防船撞装置技术要求

5.4.1 橡胶防船撞装置外观应符合下列要求:

1 表面质地均匀,无杂质混入,无裂纹、气泡、明疤、缺胶及龟裂等缺陷。

2 钢板不应外露。

3 警示颜色醒目、色泽均匀。

4 标志清晰、牢固。

5.4.2 橡胶防船撞装置材料应符合下列要求:

1 橡胶防船撞装置耐磨板宜采用滑板材料,其性能应符合 JT/T 901 的有关规定。

2 橡胶材料应采用天然橡胶或改性橡胶,其物理机械性能应符合表 5.4.2 的规定。

表 5.4.2 橡胶材料常规物理机械性能要求

项 目		指 标
拉伸强度(MPa)		≥16
扯断伸长率(%)		≥300
压缩永久变形(70℃×24h,%)		≤30
硬度(邵尔 A,度)		≤84
热空气老化性能(70℃×96h)	拉伸强度变化率(%)	≤20
	扯断伸长变化率(%)	≤20
	硬度(邵尔 A,度)	最多允许增加 8 度
臭氧老化性能(40℃×48h,20%伸长,0.000 05%)		无龟裂

3 钢材物理力学性能应按本指南第 5.3.2 条的有关规定执行。

4 耗能芯材物理力学性能应按本指南第 5.2.2 条的有关规定执行。

5 黏结剂应采用质量稳定且不可溶的热固性材质,橡胶与滑板黏结强度≥10N/mm。

5.4.3 橡胶防船撞装置加工及装配应符合下列要求:

1 橡胶硫化不应缺胶,硫化时应确定合适的硫化温度、时间、压力及排气次数。

2 橡胶防船撞装置的装配组件应符合设计要求,装配应牢固可靠,并符合 JB/T 5945 的有关规定。

5.4.4 橡胶防船撞装置规格尺寸的允许偏差应符合表 5.4.4 的规定。

表 5.4.4 橡胶防船撞装置尺寸允许偏差

形状尺寸	外形尺寸(长、宽、高)	截面厚度	螺栓孔径	螺栓孔中心距离
允许偏差	$-2\% \leqslant$偏差率$\leqslant 4\%$	$-2\% \leqslant$偏差率$\leqslant 3\%$	±2mm	±4mm

6 试验方法

6.1 一般要求

6.1.1 防船撞装置的外观应采用目测及手感评定。

6.1.2 外形尺寸应用钢直尺测量,焊缝高度应用游标卡尺或者量规测量,至少取 4 处进行测量,取实测平均值。

6.1.3 防船撞装置力学性能试验可采用足尺试验、缩尺试验或节段试验。

6.2 复合材料防船撞装置试验方法

6.2.1 复合材料防船撞装置力学性能试验应符合下列要求:

1 复合材料性能试验应按表 6.2.1-1 的要求进行。

表 6.2.1-1 复合材料性能试验方法

试验项目	性能要求	试验方法
拉伸性能试验		GB/T 1447
压缩性能试验		GB/T 1448
弯曲性能试验		GB/T 1449
剪切强度试验	5.2.3	GB/T 1450.2
吸水率		GB/T 1463
巴氏硬度		GB/T 3854
断裂延伸率		GB/T 1447

2 耗能芯材性能试验按表 6.2.1-2 的要求进行,静力压缩试验方法应符合本指南附录 A 的规定。

表 6.2.1-2 耗能芯材性能试验方法

试验项目	性能要求	试验依据
吸水率		GB/T 8810
剪切强度	5.2.3	GB/T 10007
平压强度		GB/T 1453

6.2.2 复合材料防船撞装置力学性能试验方法应符合本指南附录 B 的规定。

6.3 钢质防船撞装置试验方法

6.3.1 钢质防船撞装置钢质材料试验应按表 6.3.1 的要求进行。

表 6.3.1 钢质防船撞装置钢质材料试验方法

试验项目	性能要求	试验方法
钢材	5.3.5	GB/T 700、GB/T 1591
不锈钢棒		GB/T 1220
不锈钢板		GB/T 3280
锻轧钢棒		GB/T 4162
无缝钢管		GB/T 5777

6.3.2 复合材料性能试验应按本指南第6.2.1条的有关规定执行。

6.3.3 耗能芯材性能试验应按本指南第6.2.1条的有关规定执行。

6.3.4 浮动式钢质防船撞装置所有水密舱均应进行密性试验，宜采用充气试验方法，应满足《钢质海船入级规范》(CCS)的有关规定。

6.4 橡胶防船撞装置试验方法

6.4.1 橡胶防船撞装置材料试验应符合下列要求：

1 钢件、不锈钢板性能试验应按本指南第6.3.1条的有关规定执行。

2 滑板材料性能试验应符合JT/T 901的有关规定。

3 橡胶材料性能试验应符合GB/T 528的有关规定。

6.4.2 橡胶防船撞装置力学性能试验应符合本指南附录C的有关规定。

7 检验规则

7.1 检验分类

公路桥梁防船撞装置检验分进厂原材料检验、出厂检验及型式检验三类。

7.1.1 进厂原材料检验应符合下列要求：

1 防船撞装置加工用原材料及外加工件进厂时，钢材同一牌号、同一炉号不超过60t为一批，复合材料及聚氨酯材料同一生产厂家、同一品种且连续进场的材料为一批，每批应进行抽样检验，每批抽样不少于1次。

2 复合材料、耗能芯材、钢材及橡胶件应逐件进行外观检验。

3 对螺栓、螺母、垫片、销钉的匹配性能，每批各随机选择6件进行检验。

7.1.2 防船撞装置每批产品交货前应进行出厂检验，检验合格后，附产品合格证书，方可出厂使用。

7.1.3 型式检验应由具有相应资质的质量检测机构进行。有下列情况之一时，应进行型式检验：

1 新产品或老产品转厂生产的试制定型鉴定。

2 正常生产后，生产设备、结构、材料、工艺有较大改变，可能影响产品性能时。

3 产品停产2年以上，恢复生产时。

4 国家质量监督机构要求或颁发产品生产许可证时。

7.2 检验项目及要求

7.2.1 进厂原材料检验应符合下列要求：

1 复合材料防船撞装置原材料检验应满足表7.2.1-1的要求，并附有每批进料材质证明。

表7.2.1-1 复合材料防船撞装置原材料检验项目及要求

项 目	检验内容	检验周期	要 求
复合材料	外观、物理机械性能	每批	5.2.1、5.2.2第1款、5.2.3第1款
聚氨酯	物理机械性能	每批	5.2.2第2款、5.2.3第2款

2 钢质防船撞装置原材料检验应满足表7.2.1-2的要求，并附有每批进料材质证明。

表7.2.1-2 钢质防船撞装置原材料检验项目及要求

项 目	检验内容	检验周期	要 求
钢材	外观、物理机械性能	每批	5.3.1、5.3.2
复合材料	外观、物理机械性能	每批	5.2.1、5.2.2第1款、5.2.3第1款
聚氨酯	物理机械性能	每批	5.2.2第2款、5.2.3第2款

3 橡胶防船撞装置原材料检验应满足表7.2.1-3的要求，并附有每批进料材质证明。

表 7.2.1-3　橡胶防船撞装置原材料检验项目及要求

项　目	检验内容	检验周期	要　求
滑板	物理机械性能	每批	5.4.2第1款
橡胶	物理机械性能	脆性温度、热空气老化每季度一次；耐臭氧老化每年一次；其余性能每批胶料	5.4.2第2款
钢材	物理机械性能、外观	每批	5.4.2第3款
黏结剂	物理机械性能	每批	5.4.2第4款
聚氨酯	物理机械性能	每批	5.4.2第5款

7.2.2　出厂检验及型式检验应符合下列要求：

1　复合材料防船撞装置出厂检验、型式检验按表7.2.2-1规定进行。

表 7.2.2-1　复合材料防船撞装置检验项目及要求

检验项目	技术要求	试验方法	检验数量	出厂检验	型式检验
外观	5.2.1	6.1.1	全检	＋	＋
各部件尺寸	5.2.5	6.1.2	全检	＋	＋
静载性能	5.2.3	附录A、B	每批产品1件	＋	＋
冲击性能	力—位移曲线	附录D	每批产品1件	－	＋
注："＋"为必检项目；"－"为不检项目。					

2　钢质防船撞装置出厂检验、型式检验按表7.2.2-2规定进行。

表 7.2.2-2　钢质防船撞装置检验项目及要求

检验项目	技术要求	试验方法	检验数量	出厂检验	型式检验
外观	5.3.1	6.3.1	全检	＋	＋
各部件尺寸	5.3.6	6.1.2	全检	＋	＋
密性试验	5.3.5	6.3.2	每批产品1件	＋	＋
注："＋"为必检项目；"－"为不检项目。					

3　橡胶防船撞装置出厂检验、型式检验按表7.2.2-3规定进行。

表 7.2.2-3　橡胶防船撞装置检验项目及要求

检验项目	技术要求	试验方法	检验数量	出厂检验	型式检验
外观	5.4.1	6.4.1	全检	＋	＋
各部件尺寸	5.4.4	6.1.2	全检	＋	＋
静载性能	5.4.2	附录C	每批产品1件	＋	＋
冲击性能	力—位移曲线	附录D	每批产品1件	－	＋
注："＋"为必检项目；"－"为不检项目。					

7.3 检验规则

7.3.1 出厂检验时,若有一项指标不合格,则应从该批产品中再随机抽取双倍试样进行复检,若仍有一项不合格则判定该批产品不合格。

7.3.2 型式检验采用随机抽样的方式,抽样对象为经生产厂检验部门检验合格且为本评定周期内的产品。若检验项目有一项不合格,则从该批产品中再随机抽取双倍试样进行复检,若仍有一项不合格则判定该批产品不合格。

8 包装、标志、运输及储存

8.1 包装

8.1.1 防船撞装置应根据分类、规格型号及货运规定进行包装,如有特殊要求,可由厂方与用户协商确定。

8.1.2 包装应牢固可靠,包装外面应注明产品名称、规格、制造日期,以及运输、储存的注意事项。

8.1.3 出厂时,包装内应附有产品合格证、使用说明书和清单。技术文件应用塑料薄膜装袋封口。

8.2 标志

8.2.1 每个成品防船撞装置应有永久性标志牌,其内容应包括:产品名称、规格型号、生产厂家、出厂编号和出厂日期。

8.3 运输

8.3.1 防船撞装置运输时,按同规格、同形状进行安全叠放,设置专门的支架固定,避免碰撞、摩擦。

8.3.2 防船撞装置在运输中,应保持清洁,保证外观完整,无磕碰、变形。远离酸、碱、油类及有机溶剂等影响防船撞装置质量的物质,并注意防火,且不应随意拆卸。

8.4 储存

8.4.1 防船撞装置在储存时,应保持清洁,防止变形,同时应有保护措施确保其不受损害。

8.4.2 不应与酸、碱、油类、有机溶剂等影响防船撞装置质量的物质相接触,远离热源。

9 安装

9.1 一般规定

9.1.1 防船撞装置的安装应按照使用说明书进行,安装过程中应避免损坏。

9.2 安装前准备

9.2.1 防船撞装置进场验收应符合下列规定:

1 质量控制资料和文件应完整。

2 外观质量应符合本指南相关要求。

3 检测结果应符合本指南相应合格质量标准要求。

9.2.2 安装前应编制专项施工方案,并对施工人员进行安全、技术交底。

9.2.3 安装前应对桥墩(台)外形尺寸及高程进行复测。

9.3 安装注意事项

9.3.1 整体式防船撞装置在安装前应进行分段拼装。

9.3.2 浮运时应保证装置的平稳性。

9.3.3 新建桥梁设置固定式防船撞装置时,应设置预埋件,其安装应符合设计要求。

9.3.4 在役桥梁增设防船撞装置时,植筋应按表9.3.4的规定进行。

表9.3.4 植筋要求

检查项目	允许偏差	检查项目	允许偏差
植筋孔直径(mm)	+3.0	植筋孔位偏差(mm)	10
植筋孔深度(mm)	+10.0	抗拔力(kN)	不小于设计值
钻孔垂直度(°)	≤3		

9.4 验收

9.4.1 验收应提供以下文件和记录:

1 防船撞装置出厂合格证和质量检验文件,进厂验收记录。

2 防船撞装置施工现场质量管理和检查记录。

3 不合格项的处理记录及验收记录。

4 其他涉及防船撞装置安装质量的相关记录。

10 维修与养护

10.0.1 防船撞装置的维修与养护应符合JTG H11的有关规定，发现问题应及时进行维修、更换。

10.0.2 防船撞装置检查项目及内容应按表10.0.2的规定进行。

表 10.0.2 检查项目及内容

序号	检查项目	检查内容	防船撞装置种类		
			复合材料	钢质	橡胶
1	变形	装置变形、装置与桥墩接触间隙情况	＋	＋	＋
2	外板	开裂或剥离、凹凸等情况	＋	＋	＋
3	防腐层	剥落、开裂情况	＋	＋	－
4	滑板	损伤情况	－	－	＋
5	橡胶	剪切变形、老化、开裂等情况	－	－	＋
6	螺栓（螺母）	松动、断裂、缺失等情况	＋	＋	＋
7	浮动性能	上、下浮动情况	＋	＋	－

注："＋"为必检项目；"－"为不检项目。

附录 A(规范性附录) 耗能芯材静力压缩性能试验方法

A.1 范围

A.1.1 本附录规定了耗能芯材的静力压缩性能试验方法,适用于检测防船撞装置内部填充耗能芯材的力学性能。

A.2 试验条件和试样

A.2.1 试验场所应整洁、干净,并有通风设施。实验室的标准温度为 23℃±5℃,且不应有腐蚀性气体及影响检测的振动源。

A.2.2 试件的密度应满足设计图纸的要求。

A.2.3 试样数量为 3 件。

A.2.4 试件形式见图 A.2.4,试件的几何尺寸见表 A.2.4。

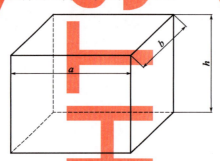

图 A.2.4 耗能芯材静力压缩性能试验试件

表 A.2.4 耗能芯材静力压缩试件几何尺寸

项目	长度 a(mm)	宽度 b(mm)	高度 h(mm)
尺寸	300	300	200

A.3 仪器设备

A.3.1 试验机上应设有数字显示功能。

A.3.2 试验机压力应平稳升降,误差±5%。

A.3.3 加载速度为 2mm/min。

A.4 试验方法

A.4.1 将耗能芯材试块使用压缩方向固定在试验机底板上。

A.4.2 测量耗能芯材试块高度。

A.4.3 开动试验机按照 A.3.3 规定的加载速率连续加载至耗能芯材试块高度 50% 变形量时进行

卸载,试验仪自动记录试件的压缩性能试验数据。

A.4.4 耗能芯材试块静力压缩性能试验的加载方式见图 A.4.4。

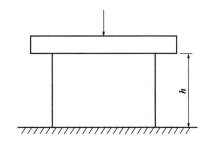

图 A.4.4 耗能芯材静力压缩性能试验加载方式

A.5 试验结果

A.5.1 耗能芯材构件静力压缩试验的具体试验结果见表 A.5.1。

表 A.5.1 耗能芯材构件试件静力压缩试验结果

试 件	最大破坏荷载 P_{max}（kN）	试验计算结果		试件破坏形式
		压缩弹性模量 E_c（MPa）	压缩强度 f_c（MPa）	
×××				
×××				
×××				

A.5.2 绘制力—位移曲线。

T/CHTS 20005—2018

附录 B（规范性附录） 复合材料防船撞装置节段试件力学性能试验方法

B.1 范围

B.1.1 本附录规定了复合材料防船撞节段试件压缩试验方法，适用于检测复合材料防船撞装置的力学性能。

B.2 试验条件和试样

B.2.1 试验场所应整洁、干净，并有通风设施。实验室的标准温度为23℃±3℃，且不应有腐蚀性气体及影响检测的振动源。

B.2.2 试样应满足以下要求：

1 防船撞装置试件应根据项目实际设计的装置型号选取典型节段制成试件。
2 试件的厚度、芯材的密度应与设计图纸保持一致。
3 试样数量1个。

B.3 仪器设备

B.3.1 试验机上应设有数字显示功能。

B.3.2 试验机压力应平稳升降，误差±5%。

B.3.3 加载速度为2mm/min。

B.4 试验方法

B.4.1 将防船撞装置节段试件承受压缩方向固定在试验机底板上。

B.4.2 测量防船撞装置节段试件高度 h。

B.4.3 开动试验机，按照B.3.3规定的加载速率连续加载至装置高度50%变形量时进行卸载，试验仪自动记录试件的压缩性能试验数据。

B.4.4 防船撞装置节段试件静力压缩性能试验的加载方式见图B.4.4。

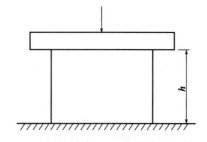

图 B.4.4 试块静力压缩性能试验加载方式

B.5 试验结果

B.5.1 防船撞装置节段试件静力压缩试验的具体试验结果见表 B.5.1。

表 B.5.1 防船撞装置节段试件静力压缩试验结果

试 件	最大破坏荷载 P_{max} (kN)	试验计算结果		试件破坏形式
		压缩弹性模量 E_c (MPa)	压缩强度 f_c (MPa)	
×××				

B.5.2 绘制力—位移曲线。

附录C（规范性附录） 橡胶防船撞装置力学性能试验方法

C.1 范围

C.1.1 本附录规定了橡胶防船撞装置力学性能试验方法，适用于检测橡胶防船撞装置的力学性能。

C.2 试验条件

C.2.1 试验场所应整洁、干净，并有通风设施。除另有规定外，所有试验应在室温23℃±3℃、相对湿度50%±5%的条件下进行，所有试片均用脱脂棉或干净棉纱蘸丙酮清洗干净并干燥，且不应有腐蚀性气体及影响检测的振动源。

C.3 仪器设备

C.3.1 试验机上应设有数字显示功能。

C.3.2 试验机压力应平稳升降，误差±5%。

C.3.3 加载速度为70mm/min±5mm/min。

C.4 试件要求

C.4.1 橡胶防船撞装置试件以足尺寸试件进行。

C.4.2 试件数量为1个。

C.5 试验步骤

C.5.1 将橡胶防船撞装置按使用压缩方向固定在试验机底板上。

C.5.2 测量橡胶防船撞装置高度。

C.5.3 开动试验机按照C.3.3规定的速度压缩装置高度至设计压缩变形量，试验仪自动记录试件的压缩性能试验数据。

C.5.4 按C.5.3再重复压缩2次。

C.6 试验数据处理

C.6.1 取后两次数据的平均值绘制力—位移曲线。

附录 D（规范性附录） 防船撞装置落锤冲击试验方法

D.1 范围

D.1.1 本附录规定了防船撞装置落锤试验方法，适用于检测防船撞装置的冲击性能。

D.2 试验条件和试样

D.2.1 试验场所应整洁、干净，并有通风设施。除另有规定外，所有试验应在室温 23℃±3℃、相对湿度 50%±5% 的条件下进行，且不应有腐蚀性气体及影响检测的振动源。

D.3 仪器设备

D.3.1 落锤试验机。

D.3.2 试验应能够对加速度、位移、力进行实时采集。

D.3.3 锤重应满足设计能量要求。

D.4 试件要求

D.4.1 复合材料防船撞装置试件应符合 B.2 的要求。

D.4.2 橡胶防船撞装置试件应符合 C.4 的要求。

D.4.3 试件数量应按本指南第 7 章的有关规定进行。

D.5 试验步骤

D.5.1 将防船撞装置按使用压缩方向固定在试验机底板上。

D.5.2 测量防船撞装置高度。

D.5.3 开动试验机，提升落锤至设计高度，达到设计规定的速度。

D.5.4 松开锤头，进行落锤试验，数据采集系统自动记录锤头的加速度、底座反力及压缩位移量试验数据。

D.6 试验数据处理

D.6.1 绘制力—位移曲线。

D.6.2 绘制加速度—时间曲线。

用 词 说 明

1 本标准执行严格程度的用词,采用下列写法:
1) 表示严格,在正常情况下均应这样做的用词,正面词采用"应",反面词采用"不应"或"不得"。
2) 表示允许稍有选择,在条件许可时首先应这样做的用词,正面词采用"宜",反面词采用"不宜"。
3) 表示有选择,在一定条件下可以这样做的用词,采用"可"。
2 引用标准的用语采用下列写法:
1) 在标准条文及其他规定中,当引用的标准为国家标准或行业标准时,应表述为"应符合×××××的有关规定"。(×××××为标准编号)
2) 当引用标准中的其他规定时,应表述为"应符合本指南第×章的有关规定""应符合本指南第×.×节的有关规定""应按本指南第×.×.×条的有关规定执行"。